ROBERT DE BOISFLEURY

SYNDICATS D'OFFICIERS

Le service intérieur. — L'emploi de l'armée dans les troubles. — La discipline consentie.

Nouvelle
LIBRAIRIE NATIONALE
88, rue de Rennes
Paris

SYNDICATS D'OFFICIERS

ÉTUDES SOCIALES ET POLITIQUES

V

ROBERT DE BOISFLEURY

SYNDICATS D'OFFICIERS

Nouvelle
LIBRAIRIE NATIONALE
85, rue de Rennes
PARIS

I

L'État d'esprit syndicaliste dans l'armée.

Le malaise qui règne dans l'armée depuis l'Affaire Dreyfus commence à se traduire par des manifestations d'une forme nouvelle : un état d'esprit syndicaliste s'établit dans le corps des officiers.

Je ne prétends pas affirmer que des associations professionnelles d'officiers se soient déjà constituées dans les armes combattantes (1). Le bruit en a couru à plusieurs reprises. On a parlé d'un groupement des officiers d'infanterie sortant du rang; une circulaire du général Maunoury, gouverneur de Paris, aurait donné lieu, dit-on, à la protestation d'un certain nombre d'officiers organisés en groupement d'intérêts professionnels. Ces nouvelles, à peine parues dans certains journaux d'habitude bien informés, ont été aussitôt démenties. Et de tels démentis, qui ne prouvent

(1) Il existe depuis longtemps déjà une association des officiers d'administration, association parfaitement illégale que le Gouvernement connaît, mais qu'il feint d'ignorer, faute de pouvoir la briser. Cette association, plus ou moins affiliée à la franc-maçonnerie, a fourni aux officiers d'administration les moyens d'obtenir à peu près tout ce qu'ils ont demandé. L'unification des appellations décidée par le général Brun, en dépit de l'avis contraire de tous les vrais chefs militaires, est le plus récent succès obtenu par l'association des officiers d'administration.

1°

pas absolument la non-existence des « syndicats militaires », laissent du moins subsister un doute sur l'existence actuelle de ces syndicats.

Mais, si peut-être le syndicalisme militaire n'en est pas encore venu aux actes, il est indéniable que l'état d'esprit syndicaliste est maintenant très développé chez beaucoup d'officiers. Je puis, pour mon compte, en donner des preuves. Je sais une ville de garnison importante où, dans une réunion d'une soixantaine d'officiers subalternes, la plupart capitaines, fut agitée la question de l'organisation en groupement professionnel. Trois officiers, *trois seulement sur soixante,* se déclarèrent opposés à toute organisation de ce genre. Leur opposition n'alla point jusqu'à quitter l'assemblée; ils engagèrent la discussion, soulevèrent des objections auxquelles on répondit; la controverse terminée, ils restèrent en place, écoutant attentivement, tandis que les partisans du syndicalisme étudiaient les moyens de réaliser pratiquement leurs idées. Et l'on pouvait se demander si ce silence, si cette attention, n'étaient pas déjà une sorte d'acquiescement...

Vers la même époque, un camarade me mettait sous les yeux les statuts d'une association professionnelle à laquelle un certain nombre d'officiers avaient déjà fait adhésion. Ils étaient encore peu nombreux, mais j'ai appris depuis que leur propagande obstinée avait sérieusement grossi les rangs des ouvriers de la première heure.

Tout ceci, nous l'avons écrit, il y a deux ans déjà, dans l'*Action Française.* Aucun démenti n'est venu;

beaucoup pourtant demeuraient sceptiques sur l'avenir du mouvement syndicaliste. La discussion du dernier budget de la guerre a montré combien ce scepticisme était mal fondé, à quel point nos renseignements étaient exacts. Même les choses ont marché beaucoup plus vite que nous ne pouvions le prévoir. Il y aura bientôt dans l'armée, « malgré le Gouvernement, des associations puissantes avec lesquelles il faudra compter ».

La formule est du *Temps*, qui s'indigne et qui gémit.

Nous n'avons pas attendu que le *Temps* découvrît le syndicalisme militaire pour savoir tout ce q'il y a d'anormal dans ce mouvement. Mais gémir et indigner n'avancent à rien. On se trouve en présence d'un fait que désormais il est impossible de nier. Nous devons le regarder en face, nous devons chercher à en discerner les causes, nous devons examiner si ces causes peuvent être modifiées, si par conséquent le fait lui-même peut être modifié. Dans le cas contraire, ce fait, il faut bien l'accepter tel qu'il est. l'accepter non pas passivement, mais activement, le « manœuvrer », en tirer parti au mieux des intérêts de l'armée. Ce ne sera pas la première fois que, saisie par des mains vigoureuses, une arme forgée pour le mal deviendra un instrument utile, capable de faire du bien. Et beaucoup de bien...

II

Les Raisons du Syndicalisme militaire.

1º LES OFFICIERS PERSÉCUTÉS PAR LA POLITIQUE

Le Gouvernement de la République, qui commence à prendre peur devant le syndicalisme militaire, peut bien se frapper la poitrine en s'avouant coupable. La conduite que, toujours, et particulièrement depuis l'Affaire Dreyfus, il a tenue à l'égard des officiers, est la cause de tout le mal. Un journal républicain en fait l'aveu en ces termes :

« Nos officiers s'agitent. Comment résisteraient-ils à l'emprise syndicaliste?... Quelles sont les causes de ce malaise? Le Gouvernement les connaît. Il en est responsable, en premier lieu. La situation matérielle de nos officiers est intenable. Sans doute, il est difficile d'entretenir dans l'opulence une armée pacifique, mais n'est-ce pas la principale difficulté qui menace les Républiques? Pour elles, la guerre et la paix sont également redoutables... Le mécontentement de l'armée est le plus grand des dangers qui couvent... Je ne crains pas de l'affirmer : les officiers républicains de grade inférieur vont au socialisme. Leur corps est aussi divisé que celui de nos professeurs qui sont catholiques ultramontains ou socialistes unifiés. Ce recours aux extrêmes est un indice de la faillite des gouvernants.

« Les démocrates, à tendances socialistes, sont dirigés par le seul souci de « la matérielle » et par des notions de scepticisme historique. Les autres, les aristocrates, sont exaspérés par la façon dont l'avancement est déterminé depuis plusieurs années. Les officiers connaissent à peu près les propositions des commandants de corps d'armée, et quand ils voient le ministre choisir les derniers de la liste, en oubliant les premiers, il faut bien qu'ils trouvent une raison (1). » Évidemment...

Le sort matériel des officiers n'est pas très agréable. Ils sont maigrement payés. Les relèvements de solde dont ils ont profité ne sont pas en proportion avec l'augmentation du prix de la vie. En même temps d'ailleurs qu'on relevait la solde, on leur enlevait beaucoup d'avantages matériels qui leur étaient précieux : c'est ainsi par exemple qu'on les privait presque entièrement du service de leurs ordonnances. Autrefois, pas plus qu'aujourd'hui, l'officier n'était riche. Mais il avait le prestige, et, en dehors du service, l'indépendance. Systématiquement, le prestige a été affaibli; l'indépendance s'est évanouie. Maintenant, pour l'officier, la misère de la situation matérielle est rendue plus pesante par les souffrances de la situation morale.

Depuis qu'à la faveur de l'Affaire Dreyfus, la

____

(1) *Opinion* du 18 mars 1911.

démocratie a pu donner libre carrière à sa méfiance constitutionnelle de l'armée, la considération témoignée aux officiers par les pouvoirs publics a singulièrement diminué. Le décret sur les honneurs et préséances les relègue presque au dernier rang des fonctionnaires. Le *Décret sur le Service Intérieur* donne le pas à tous les préfets sur les généraux les plus élevés dans la hiérarchie militaire, sur le généralissime lui-même (1). Le droit de réquisition attribué autrefois aux autorités civiles est devenu un véritable droit de commandement. Les troupes sont placées dans les grèves sous les ordres directs des fonctionnaires administratifs (2). On a pu voir à Nîmes, lors de la mutinerie du 240e, le préfet du Gard se transporter à la caserne pour « veiller au respect de l'ordre ». Et ce préfet n'a pas été blâmé; et ni les généraux ni les chefs de corps n'ont pensé à le renvoyer à sa préfecture. Comment auraient-ils osé le faire? Ils savaient bien que, dès le lendemain, ils eussent été déplacés, sinon mis en non-activité.

La politique mène tout dans l'armée. La politique, depuis l'organisation des fiches, règle l'avancement.

Les ministres de la Guerre ont affirmé que les fiches n'existaient plus. S'ils étaient sincères, ils jouaient sur les mots, et le général Goiran, de gaffeuse mémoire, a avoué du haut de la tribune du Sénat ce que personne n'ignore dans l'armée : la délation est devenue un système organisé administrativement. Les délégués du Grand-Orient ne correspondent plus direc-

(1) Voir appendice I.
(2) Voir appendice II.

tement avec les bureaux de la rue Saint-Dominique, mais les préfets, les sous-préfets sont leurs intermédiaires auprès des autorités militaires. Le résultat reste le même.

Voulez-vous un exemple de ce que valent ces « renseignements des préfets », renseignements dont le général Goiran a déclaré tenir compte au même titre que des notes des généraux ? Voici un cas qui remonte seulement à quelques mois.

Un officier de l'Est, breveté, très bien noté par ses chefs, n'ayant, d'ailleurs, aucune relation de famille compromettante, était surpris de se voir écarté du tableau d'avancement. Il eut l'idée d'aller trouver le sous-préfet de sa garnison et de demander à ce fonctionnaire communication de sa fiche. Le sous-préfet, sans y voir malice — il était jeune, — consulta ses papiers, déclara qu'il n'y avait rien, mais engagea l'officier à rendre visite au préfet. Celui-ci fit plus de difficultés pour entr'ouvrir l'armoire aux dossiers. Il y consentit pourtant, sur l'énergique insistance de l'officier, qui apprit enfin le crime dont il s'était rendu coupable : son enfant, une fillette d'une dizaine d'années, était élevée chez les Sœurs !

Aujourd'hui, comme à l'époque du général André, l'avancement des officiers est entre les mains des « ligues de gauche ». Personne n'en doute dans l'armée.

La politique étend sa domination sur les plus petits détails du service. Aucune permission de moisson, aucune dispense, aucun sursis de période d'instruction, ne peuvent être accordés par les chefs militaires, qui en sont cependant les dispensateurs légaux, sans l'avis conforme et l'approbation des préfets. Ces faveurs récompensent le loyalisme électoral autant, sinon plus, que le mérite militaire. Pour le moins, un bon soldat ne peut être récompensé s'il n'appartient à une famille « pensant bien », c'est-à-dire votant pour le candidat du préfet. On ne peut raisonnablement en être surpris. Les soldats du service obligatoire, électeurs de demain, fils et frères d'électeurs, constituent une clientèle qu'un gouvernement électif n'a pas le droit de négliger. Il est logique, en République, que les régiments deviennent des unités de manœuvre électorale.

Mais c'est le prestige des officiers qui en souffre. Les récompenses qu'en vertu du règlement ils ont le droit d'accorder à leurs hommes sont soumises à un contrôle, lequel n'a rien de militaire. Beaucoup parmi les officiers subalternes ont perdu le droit de punir; pour tous les officiers, ce droit est entouré de formalités qui en entravent l'exercice. En fin de compte, les officiers sont privés de tout ce qui donne de la force et de l'autorité au commandement. Car enfin la discipline consentie c'est très joli, mais ce n'est efficace qu'autant que les mauvaises têtes savent bien qu'on ne les ratera pas le cas échéant. On ne conduit pas les hommes à coups de punitions; encore faut-il que le chef qui donne un ordre dispose sûrement des sanctions nécessaires pour forcer l'obéissance. Les officiers n'en sont plus là (1).

(1) Voir appendice III.

Blessés dans leur dignité, gênés dans l'exercice de leur commandement, les officiers sont poursuivis par la politique jusque dans leur vie privée. On ne se contente plus d'exiger d'eux une attitude politiquement correcte ; leurs convictions intimes sont scrutées, leurs conversations particulières épiées et rapportées, parfois par des frères d'armes. On trouve dans chaque régiment au moins un officier qui a accepté ce rôle déshonorant de mouchard. Et plus d'un militaire, à la suite d'un propos de cercle, a vu sa carrière brisée, comme le chef d'escadron auquel le commandant Jacquot, aujourd'hui général, donnait la note zéro avec ce commentaire : « approuve la révocation de l'édit de Nantes » !

Il ne s'agit plus seulement d'avancement, la situation même des officiers est en jeu. Le général Goiran, qui, pendant son ministère de vingt-huit jours, s'est montré l'enfant terrible de l'armée républicaine, a tenu à déclarer que les officiers qui n'étaient pas pour le « Gouvernement » n'avaient qu'à s'en aller (1). Déjà, deux ans auparavant, le général Robert avait dit la même chose aux officiers de cuirassiers de Lyon. La République veut une armée de parti, et elle en prend les moyens.

Le nouveau *Service Intérieur* entré en application, le 1er juillet dernier, contient certain paragraphe 66 qui est bien assurément le plus abominable des ins-

(1) Un sénateur, M. Grosjean, appuyait la déclaration du général Goiran en ces termes : « C'est tout naturel : dans une démocratie, les choses ne doivent pas se passer autrement. » Ce Grosjean avait raison.

truments d'oppression forgés contre les militaires professionnels par la tyrannie politicienne. Voici cet article :

Les militaires de tous grades s'abstiennent de toute attitude, de tous propos, de toutes *fréquentations* qui permettraient de mettre en doute leur fidélité au devoir, leur soumission aux lois ou leur RESPECT POUR LES INSTITUTIONS DU PAYS.

On voit facilement quel usage peuvent faire de l'article 66 les chefs de corps et les officiers généraux devenus les humbles serviteurs des politiciens. De par l'article 66, tout officier qui ne témoigne pas une suffisante déférence aux politiciens du cru, ou qui entretient des relations courtoises avec quelque personnalité « réactionnaire » de sa ville de garnison, risque le déplacement d'office, voire même la non-activité. L'article 66 ne menace pas en vain; le capitaine Lachau à Cosne, le commandant Arrighi de Casanova et le lieutenant de Butler à Aurillac, l'ont éprouvé à leurs dépens (1). Et ils ne sont pas seuls dans leur cas.

(1) A Cosne, le caporal de Bouteiller signale à ses chefs les propos antimilitaristes d'un soldat juif. Mais le lieutenant-colonel Lorillard, commandant le 85e de ligne, est un politicien francmaçon, le soldat juif dispose de protecteurs influents, tandis que le caporal de Bouteiller a pour frère un camelot du roi. Bouteiller est accusé de faire de la propagande royaliste, on le traduit devant un conseil d'enquête. Son père vient le voir à Cosne; le capitaine Lachau du 85e était depuis longtemps en relations avec M. de Bouteiller. Il ne se croit pas obligé de lui tourner le dos. On le voit s'entretenir avec M. de Bouteiller et l'avocat du jeune caporal. Rapport des mouchards de Cosne; enquête : le capitaine Lachau est mis en non-activité.

A Aurillac, le lieutenant de Butler et le commandant Arrighi de

Qu'il entre en conflit avec quelque électeur influent, un officier doit avoir cent fois raison pour que ses chefs ne lui donnent pas tort.

« Officiers républicains, vous êtes les serviteurs du Bloc », disait le général Bazaine-Hayter. On le leur fait bien voir !

2° LA FAIBLESSE DE LA HIÉRARCHIE

Contre les persécutions de la politique, les officiers avaient pour défenseurs naturels leurs chefs : ils ne peuvent plus compter sur eux.

Depuis que la *Quatrième République*, la République de Dreyfus, a commencé à « républicaniser » l'armée, depuis que d'autres considérations que les qualités militaires ont réglé l'accès aux hauts grades, le lien d'estime et de confiance mutuelles qui unissait autrefois les inférieurs à leurs supérieurs s'est rompu.

Les avancements les plus brillants ont été obtenus par les officiers politiciens. Les uns, comme Percin,

Casanova reçoivent chez eux Maxime Réal del Sarte, président des Camelots du Roi, qui termine son service au 139e, après avoir été victime à Toul d'un attentat resté mystérieux. Réal del Sarte est un soldat irréprochable dont ses chefs n'ont qu'à se louer. Mais le préfet juif Hélitas adresse un rapport au ministre : enquête. On est obligé de reconnaître la parfaite correction des deux officiers. Cependant, le commandant Arrighi de Casanova est envoyé à Belfort et le lieutenant de Butler à Libourne. Le général Brun est questionné sur la mesure disciplinaire dont les deux officiers ont été l'objet; il se contente de répondre que, connaissant le passé de Maxime del Sarte, les officiers auraient dû s'abstenir de toutes relations avec lui !

Picquart, Valabrègue, Sarrail, Jacquot, sont parvenus au sommet de la hiérarchie, après avoir forfait aux lois de l'honneur militaire. Les autres, tels les généraux Rouvray, Gallet, Sauret, Gérard, tant d'autres encore qu'il est inutile de nommer, ont étalé aux yeux de leurs camarades et de leurs inférieurs le spectacle des plus basses intrigues et des plus honteuses palinodies. Les étoiles les ont récompensés. L'armée n'a plus assez d'esprit de corps pour réagir contre ces indignes et les chasser de ses rangs. Les officiers subalternes subissent ces chefs, ils leur obéissent, mais ils les méprisent.

D'autres, — et c'est la majorité, — gens fort honorables, ont dû leur avancement à la faiblesse de leur caractère. On en a fait des chefs parce qu'on les savait incapables d'indépendance et de fermeté. On était assuré que l'autorité civile les trouverait dociles, que grâce à eux les corps de troupes pourraient servir aux combinaisons électorales. Les officiers subalternes se rendent compte que, servant sous les ordres de supérieurs hiérarchiques de ce modèle, ils ne seront jamais défendus, mais au contraire toujours sacrifiés à la « peur des histoires ».

Rien de plus naturel que de voir des officiers abandonnés de la sorte refuser à de tels chefs la confiance et de leur marchander le respect; qui pourrait les en blâmer?

Quelques chefs enfin, en très petit nombre, se montrent, en défendant leurs subordonnés, dignes de l'autorité qu'ils exercent. Ils compromettent, ils sacrifient parfois leurs ambitions les plus légitimes. C'est ainsi qu'un Tournier est disgracié, qu'un Couturier quitte l'armée sans avoir reçu les plumes blanches; c'est ainsi qu'un Bonnal, un Lammerville, un Nonancourt, un Amanrich, un Cherfils, un Maitrot, ne passent pas le grade de brigadier, alors que leurs capacités militaires les désignaient pour les emplois les plus élevés de la hiérarchie militaire.

Ces chefs font preuve d'une force de caractère auquel on ne saurait trop rendre hommage; mais, hélas! leur dévouement reste inutile à ceux qu'ils veulent défendre. Ils réussissent rarement à éviter de gros ennuis à leurs officiers, ils sont presque toujours hors d'état de leur assurer l'avancement mérité par de bons et loyaux services militaires. J'en donnerai pour preuve la réponse du général Sarrail, alors colonel commandant le 39e d'infanterie, au lieutenant de Varreux de ce régiment. M. de Varreux se plaignait à son colonel de n'être pas inscrit au tableau, malgré les excellentes notes que tous ses chefs lui avaient données. M. Sarrail, qui se croit assez fort pour être cynique, répondit simplement : « Vous avez sans doute de très belles notes militaires, mais cela ne compte pas; personne ne les lit. Les notes militaires sont effacées par les dossiers du ministère. Je ne parle pas pour vous seulement, mais pour tous les officiers. » Et M. Sarrail était aux premières loges pour être bien informé; il avait lui-même travaillé à fabriquer ces dossiers (1).

(1) On nous a raconté, à ce propos, une anecdote assez piquante qui remonte aux derniers jours du ministère Brun. Marie-Georges Picquart, entrant au ministère de la Guerre, rencontra dans la cour, un général qui paraissait fort mécontent. La conversation

2*

3° LES OFFICIERS DÉMOCRATES

Le point de départ du mouvement syndicaliste, le voilà : les officiers persécutés par la politique ne peuvent plus compter pour les défendre sur leurs chefs. Mais, même abandonnés par ces protecteurs naturels, les officiers ne se seraient pas laissés aller aux tendances syndicalistes, si la République n'avait pas transformé leur esprit.

Elle en supporte maintenant les conséquences : c'est justice.

La vieille noblesse d'épée — et tout le monde autrefois se croyait noble en ceignant l'épée, — acceptait sans trop de peine de vivre dans la gêne. Les traditions que l'armée moderne avait recueillies de

s'engagea, et le lieutenant-colonel en réforme demanda au général les motifs de sa fureur.

« Je viens, répondit celui-ci, de me plaindre au général Sarrail de la façon dont est établi le tableau d'avancement. On n'a tenu aucun compte de mes propositions. Mes candidats ont été écartés; des officiers ont été inscrits que je n'avais pas proposés.

— Je puis vous en offrir autant, déclara Marie-Georges, et ma visite ici a le même but que la vôtre. Mais, dites-moi, les choses se passaient-elles déjà de la sorte sous mon ministère?

— Absolument. »

Et Marie-Georges de lever les bras au ciel d'un air de désolation. Au fond, la réponse du général ne le surprenait pas autant qu'il voulait le faire croire. Malgré son insouciance et sa paresse, le ministre Picquart n'ignorait pas à ce point le mal qui se faisait autour de lui. Mais le maître fourbe aime mieux passer pour un incapable que pour un coquin. Rendons-lui cette justice qu'il est l'un et l'autre.

l'ancienne noblesse d'épée, l'enseignement des écoles, l'exemple des anciens, avaient appris aux officiers à goûter la douceur réconfortante du sacrifice; ils en faisaient la règle de leur vie. Les cadres subalternes étaient remplis d'hommes admirables qui peinaient obscurément et joyeusement avec très peu d'ambition et beaucoup de désintéressement. Chez ces officiers, le mécontentement ne se traduisait jamais par un acte de révolte. Ils souffraient les privations, ils supportaient les injustices dans un silence stoïque; jusqu'aux humiliations auxquelles ils se résignaient par esprit de devoir. J'ai vécu aux côtés de ces officiers-là, et je ne puis songer à eux sans émotion. Grâce à Dieu, l'espèce n'est pas morte, mais elle devient plus rare : le Gouvernement de la République a tout fait pour la rendre infiniment rare.

Ces officiers désintéressés, imbus de « l'esprit de caste », n'étaient pas suffisamment dans la main du pouvoir. Celui-ci ne pouvait pas leur imposer toutes les besognes nécessaires à sa sécurité de gouvernement de parti. Car enfin l'obéissance militaire, absolue dans son domaine, a des limites que fixe le sentiment de l'honneur militaire; la servitude militaire n'a rien de commun avec la servilité politique (1). Pour rendre les officiers plus souples et plus dociles, la République, en même temps qu'elle entreprenait de les dépouiller de leur « esprit de caste », voulut surexciter leurs appétits, et les habituer à songer davantage à leurs intérêts matériels. La direction des écoles militaires

______

(1) Voir appendice I, *Service Intérieur*, page 55

fut confiée aux Passerieu, aux Sarrail, aux Dubail, aux Sauret, aux Targe, et à leurs émules. On y enseigna la méfiance de l'esprit militaire traditionnel hostile aux principes démocratiques; on déclara aux élèves officiers qu'ils devaient se considérer comme des fonctionnaires semblables aux autres fonctionnaires.

Beaucoup l'ont cru pour lesquels la vie militaire n'est plus une carrière, mais un métier. Ces fonctionnaires en uniforme, déchus de l'idéal guerrier, restent pourtant des militaires professionnels. Tenus à l'écart de la vie politique, ils ne constituent pas une force électorale qu'un régime électif ait intérêt à ménager; les satisfactions qu'on leur a données restent donc inférieures aux appétits qu'on a éveillés en eux. L'esprit de sacrifice, affaibli dans leurs cœurs, n'est plus assez solide pour leur conseiller la résignation; ils n'ont plus qu'une préoccupation : la recherche du mieux-être.

Ils savent par expérience qu'il est inutile de faire appel à leurs chefs; ceux-ci ne veulent ou ne peuvent rien pour eux. Ils ont cherché d'autres moyens d'obtenir les satisfactions qu'ils désirent par-dessus tout.

III

Droit de vote ou Syndicalisme ?

Certains ont pensé à réclamer le droit de vote; ce sont les politiciens de l'armée; encouragés et secrètement soutenus par quelques parlementaires républicains, disposant de journaux qui mènent campagne pour le droit de vote (1), ils rencontrent cependant peu d'approbateurs, parce que la politique a causé tous les malheurs des officiers et que ceux-ci le comprennent.

Il faut souhaiter l'échec des « votards ». Ne parlons même pas de la discorde que provoqueraient les agitations électorales entre officiers d'origine différente, chez qui l'unité morale s'affaiblit en même temps que s'oublient les traditions militaires. Le but poursuivi est la défense des intérêts matériels : le droit de vote serait en cela tout à fait inefficace. Moins encore que tout autre groupement professionnel, les officiers pourraient tirer avantage du suffrage universel. Ils sont dispersés en nombre très minime dans les circonscrip-

____

(1) L'*Armée et Démocratie* et l'*Armée Moderne*, timidement suivies par la *France militaire*, préconisent le droit de vote pour les officiers. Le *Journal des officiers* se déclare hostile à cette revendication qu'un de ses correspondants juge « inopportune ».

tions électorales; ils sont des électeurs de rencontre, aujourd'hui dans une circonscription, demain dans une autre. Les parlementaires négligeront forcément les intérêts de ces pérégrins pour s'attacher de préférence à satisfaire les électeurs plus sédentaires.

Sans compter que le droit de vote risque d'être, pour les officiers dont le vote n'irait pas au candidat du Gouvernement, une source nouvelle d'oppression. Certains chefs républicains n'hésiteront pas à exiger de leurs officiers de « bons votes », sous peine de se voir privés de toute faveur, écartés de tout avancement. Déjà, on les déplace d'office lorsqu'ils portent ombrage aux parlementaires du cru; ce serait bien autre chose quand ils représenteraient une force électorale, si minime fût-elle ! Pour les officiers comme pour les autres fonctionnaires, droit de vote signifie asservissement.

Le droit de vote écarté, reste l'organisation syndicale. Les officiers peuvent invoquer un précédent (on sait que dans l'armée « les précédents » jouent un grand rôle). Ils connaissent tous l'Association amicale des officiers d'administration; tous ils ont présents à la mémoire les avantages matériels et moraux que ce syndicat a procurés à ses membres.

Et puis les fonctionnaires de différentes catégories ne forment-ils pas maintenant des syndicats contre lesquels le Gouvernement reste impuissant? Sur tous les tons on répète aux militaires professionnels qu'ils sont des fonctionnaires comme les autres; les officiers le plus récemment sortis des écoles arrivent au régiment avec l'esprit fonctionnaire.

Ils sont mécontents de leur sort, ils connaissent les services que l'association est susceptible de leur rendre : ils en viennent à penser au syndicat, ou, car le mot effraie plus que la chose, à l'association professionnelle.

La République peut se rendre cette justice de n'avoir rien négligé pour les amener à cet état d'esprit.

IV

L'utilisation du Syndicalisme

LE SYNDICALISME ET LE TRADITIONALISME MILITAIRE

Il s'est agi jusqu'ici, non d'apprécier, mais de constater.

Nous avons vu comment la domination dans l'armée du politique sur le militaire avait préparé le terrain aux syndicats d'officiers : le moment est venu de porter un jugement sur le syndicalisme militaire. Quelle attitude doivent observer à l'égard de ce mouvement les officiers restés fidèles aux principes traditionnels, sans lesquels il n'y a pas d'armée possible?

Au premier abord, la réponse semble évidente, ils doivent s'en tenir soigneusement écartés. Le fait seul de poser la question est un scandale.

Assurément c'est un scandale, et jamais on ne flétrira assez sévèrement le régime démocratique coupable d'avoir provoqué ce scandale. Mais se lamenter sur les malheurs des temps ne suffit pas, se consoler des ruines accumulées autour de soi en déclarant qu'on n'a pour son compte rien à se reprocher, c'est avoir la consolation facile. Pourtant, dans l'armée comme ailleurs, on ne fait que cela depuis bien des années, et les choses n'en marchent pas mieux. Ni les gémisse-

ments ni l'attitude correcte des officiers « conservateurs » n'ont retardé d'un seul jour le chambardement.
S'obstiner à observer les règles du jeu en face d'un
adversaire qui fait sauter la coupe, c'est une duperie.
Et ici l'enjeu c'est la force, c'est l'existence même
de l'armée. Il faut changer de méthode, cesser d'être
conservateur, employer les moyens révolutionnaires à
faire la contre-révolution.

Car enfin, l'affaire Dreyfus, en accumulant les ruines
militaires, aura eu du moins ce résultat de montrer
aux plus aveugles l'incompatibilité de la démocratie
avec une armée forte. Renan et, avant lui, Ardant
du Picq (1) avaient proclamé cette incompatibilité,
qui est, en somme, une notion de bon sens. L'armée,
vouée à l'obéissance au milieu des discussions des
partis, indifférente à ce qui les émeut, apparaît comme
un démenti donné à la société démocratique. Toute
corporation qui, à la tyrannie des opinions courantes
peut opposer la résistance d'un esprit particulier, est
suspecte comme un État dans l'État. Fatalement, tôt
ou tard, le choc doit se produire.

Ces choses, évidentes en théorie, apparaissaient en
pratique moins certaines. Pendant longtemps, le vieux
parti républicain avait pris grand soin de ne pas dis-
siper le malentendu qui permettait à l'armée et à

---

(1) Toute nation organisée démocratiquement n'est pas militairement organisée (ARDANT DU PICQ).

La démocratie est le plus fort dissolvant de l'organisation
militaire. L'organisation militaire est fondée sur la discipline,
la démocratie est la négation de la discipline (RENAN).

la démocratie de coexister. On était au lendemain de la guerre; la volonté de la revanche vivait, encore ardente, dans le cœur de la masse des Français. On n'osait pas toucher ouvertement à l'armée, qui avait pour elle l'opinion publique. On la laissait travailler en paix. Les officiers soucieux de donner au pays toute sa force guerrière, sans rien abdiquer de leurs convictions intimes, les laissaient de côté pour se consacrer tout entiers à leur besogne de soldats; on n'exigeait d'eux rien d'autre qu'une attitude correcte, et ils y consentaient bien volontiers. Par cette méthode s'était constituée une armée merveilleusement prête à son rôle de guerre, une armée qu'en 1896 on pouvait considérer comme la première de l'Europe.

Cette situation de l'armée eût été parfaite si la durée en avait été garantie, mais c'était impossible parce que contraire à la logique. Le corps d'officiers était un peu dans le cas de cet homme qui, tombant de la fenêtre d'un cinquième étage, se dit pendant sa chute : « Cela ne va pas mal maintenant, mais comment cela finira-t-il? » La faute de l'armée a été de ne pas voir comment cela finirait.

L'organisation militaire d'un pays ne peut point ne pas être en harmonie avec son organisation politique et sociale. Un gouvernement de parti doit, tôt ou tard, introduire dans l'armée l'esprit de parti, soumettre les forces militaires à la domination de la politique.

Ce fut chose faite à la faveur de l'Affaire Dreyfus. On a dit très justement que cette affaire présente le caractère d'un accident dans une maladie constitutionnelle, comme l'eczéma chez les arthritiques. Dé-

sormais, le malentendu est dissipé; la lutte est ou-
verte entre la démocratie et l'armée française.

Et le problème se pose de la sorte.

L'armée a pour but et pour raison d'être la défense
nationale contre l'étranger; pour cela, il faut qu'elle
soit adaptée à la guerre. Elle ne peut remplir cette
condition essentielle qu'en se mettant en désaccord
avec l'état politique et social du pays. Conclusion :
cet état politique et social est incompatible avec les
nécessités de la défense nationale; le patriotisme fait
aux officiers un devoir de renverser ce régime.

Si on laisse se poursuivre l'œuvre de républicani-
sation de l'armée inaugurée à la faveur de l'Affaire
Dreyfus par le général André, continuée depuis avec
un remarquable esprit de suite par les Berteaux, les
Picquart, les Brun, les Goiran, les Messimy, nous
nous acheminons pas à pas, mais sûrement, vers la
milice décrite par M. Jaurès. Les conceptions militaires du tribun socialiste sont folie pure. Mais que
de folies la République a réalisées depuis son établis-
sement ! La folie de la milice est dans la logique du
régime (1), et, après tout, la milice organisée sur le
papier par le citoyen Jaurès ne diffère pas sensible-

______

(1) « Le jour où seront établies, sous quelque nom que ce soit,
les milices, l'harmonie sera faite entre les institutions militaires
et les institutions politiques. De même que tout citoyen est apte
à gouverner le pays, il sera réputé apte à le défendre. Le même
orgueil qui le présenta comme naturellement sage le présentera
comme naturellement brave ». (*L'Armée et la Démocratie*; cet
ouvrage anonyme, paru en 1887, est généralement attribué au
général DE GALLIFFET).

ment de « l'armée sans esprit militaire » souhaitée par Jules Simon, par Eugène Pelletan, par les républicains de 1869.

Aux officiers traditionalistes de se demander s'ils veulent conjurer ce désastre national. Les moyens dont ils disposent encore ne sont pas très nombreux. Nous les supplions de réfléchir, de voir si, en se tenant systématiquement à l'écart du mouvement syndicaliste, ils n'abandonnent point un terrain où il leur serait possible de lutter, et très efficacement.

Ce terrain, ils ne l'auraient pas choisi; ils s'y trouvent conduits par la force des choses, par le développement normal des institutions démocratiques. Le syndicalisme militaire est né en dehors d'eux; les circonstances les contraignent à prendre parti pour ou contre. Nous leur conseillons de prendre parti *pour;* dans quelles conditions, nous le verrons tout à l'heure.

Ceci d'abord doit paraître certain à ces officiers : ils sont impuissants à enrayer le mouvement syndicaliste. Ils ne peuvent rien contre ses causes, lesquelles, nous l'avons montré, se résument dans l'asservissement de l'armée à la politique et dans l'introduction de l'esprit démocratique au sein du corps des officiers français.

On ne saurait imaginer sans beaucoup de naïveté que le Gouvernement républicain puisse jamais soustraire l'armée à l'influence de la politique. Parfois, en présence d'une crise internationale, il a quelque velléité de faire machine en arrière : on l'a vu au lendemain de l'alerte de Tanger. Cela ne dure pas; cela ne peut pas dur.. Un régime électif est obligé, pour être en sécurité, de tenir la main sur cette force organisée qu'est l'armée. On ne reviendra pas sérieusement en arrière; jamais plus dans notre régime électif on ne rendra à l'armée l'indépendance qui est indispensable à sa vie normale. La République a longtemps hésité à soumettre les forces militaires françaises à la tyrannie de la politique : scrupule de défense nationale ou appréhension d'une résistance insurmontable? L'un et l'autre peut-être, et au surplus, la question importe peu pour nous qui regardons vers l'avenir. Le mal est fait depuis l'Affaire Dreyfus, ce régime-ci voudrait le réparer qu'il ne le pourrait pas.

Pour les mêmes raisons qui sont constitutionnelles, la République ne peut pas davantage cesser de prêcher aux officiers la religion démocratique. Gouvernement de parti, elle a besoin d'hommes de parti dans l'armée comme dans toutes les administrations politiques. Même elle en a besoin surtout dans l'armée, dont le rôle de police devient de jour en jour plus important. Il nous paraît inutile d'insister longuement sur ce point, que tous les hommes de bon sens et de bonne foi tiennent pour établi.

Les causes de l'état d'esprit syndicaliste demeurant, l'état d'esprit subsistera, quoique puissent faire les officiers imbus de l'esprit traditionaliste.

En s'enfermant dans l'accomplissement strict de leurs devoirs militaires, ils n'arriveront qu'à un résultat, creuser davantage encore le fossé qui les sépare des officiers démocrates, augmenter entre ceux-ci et eux-mêmes les divisions qui existent déjà, couper définitivement l'armée en deux.

Sauveront-ils du moins les principes, dont la défense leur est plus chère que tout? Ils auraient tort de l'espérer. Quoi qu'ils fassent, ils sont suspects. Le Gouvernement ne leur saura aucun gré de leur correction. Inquiété par les officiers d'esprit nouveau à tendance syndicaliste, il essaiera de les désarmer en excitant les haines et les jalousies dés démocrates en uniforme contre les militaires « réactionnaires ». Sans doute, ceux-ci sont disposés à se sacrifier eux-mêmes à leurs principes; ils l'ont déjà fait à plus d'une reprise. Mais qu'ils prennent garde que leur abnégation est inutile, même funeste. Ce qu'ils doivent ambitionner, ce ne sont pas les palmes du martyre, mais plutôt les lauriers de la victoire.

En se sacrifiant, ils sacrifient pratiquement les principes, dont ils restent les seuls défenseurs. Combattus par le Gouvernement, traités en adversaires par leurs camarades syndicalistes, ils disparaîtront peu à peu des rangs de l'armée, où, grâce à Dieu, ils sont nombreux encore, mais où ils diminuent chaque jour. Déjà, l'on constate que l'enseignement démocratique des écoles nouveau style, agit sur beaucoup de jeunes officiers issus des meilleures familles militaires. Et, en effet, pour conserver dans l'armée l'esprit militaire traditionnel, il faut maintenant un véritable héroïsme; or, dans l'armée comme partout, pour que les héros soient nombreux, l'atmosphère est nécessaire...

LE SYNDICALISME ET LA DISCIPLINE

Sans l'esprit militaire traditionnel, l'armée se dissout : les officiers qui en sont convaincus et qui veulent maintenir l'esprit militaire ne peuvent plus compter que sur eux-mêmes; la preuve est faite que la hiérarchie officielle ne veut ni ne peut rien. Quelques avertissements publics qui n'ont pas été entendus, quelques appels à l'opinion qui n'ont trouvé aucun écho, des départs bruyants qui n'ont servi qu'à sauver l'honneur, voilà tout ce que les grands chefs ont opposé au chambardement de nos institutions militaires. Nous serions injustes de leur en vouloir, ils ne pouvaient faire plus.

Cette constatation répond à l'objection principale faite au syndicalisme militaire : c'est, dit-on, la mort de la discipline, puisque celle-ci est fondée sur le respect de la hiérarchie.

Il faut voir les choses telles qu'elles sont. La discipline, la subordination de grade à grade n'est pas un but, mais un moyen que précise le règlement en définissant la discipline : « la force principale des armées ». La subordination assure la cohésion sans laquelle l'armée n'est plus qu'une foule. Il importe que dans l'armée toutes les volontés marchent d'accord vers le même but; mais il importe aussi que ce but soit « le bien du service ». Or, ce n'est plus le cas.

Nous ne sommes pas les seuls à envisager pour l'armée, *dans les circonstances actuelles*, la nécessité de recourir à l'association pour sauvegarder ses traditions essentielles. Dans le *Bulletin de la Ligue militaire*, qui compte parmi ses membres d'honneur des chefs militaires aussi universellement respectés que les généraux Metzinger, Farny, de Monard et Tournier, et dont le président effectif est le commandant Driant, le commandant de Hauteclocque a consacré trois articles (15 mars, 15 mai, 15 juin) à cette question capitale des associations d'officiers. Pas plus que nous, le commandant de Hauteclocque ne s'est pas laissé arrêter par cette objection spécieuse que les associations d'officiers entraîneraient la ruine de la discipline. Courageusement, il a abordé la difficulté de front, et il me paraît difficile de rien répondre de sérieux à son argumentation.

« On objectera, dit le commandant de Hauteclocque, l'affaiblissement du principe d'autorité par la juxtaposition à la hiérarchie du commandement, d'une autre hiérarchie, celle que comporte nécessairement l'organisation de toute association comme de tout parti.

« Assurément, l'objection est sérieuse. Elle signale un danger dont je suis loin de méconnaître la gravité. Mais enfin, il ne s'agit pas de considérer ce qui devrait être, mais ce qui est. Ce qui devrait être, c'est l'armée disciplinée et confiante dans ses chefs, parce qu'elle les sait les plus dignes et les plus capables. Ce qui est, c'est l'armée méfiante vis-à-vis de ceux qui la commandent, parce qu'elle sait, hélas ! que beaucoup, je n'ose pas dire la majorité, mais cependant beaucoup trop, ne doivent ni à leurs services ni à leur mérite les grades qui les placent à sa tête, mais bien

aux intrigues politiques ou tout au moins à la faiblesse
et au manque de caractère.

« Cela est si vrai que le premier mouvement quand
on rencontre les feuilles de chêne sur un képi est de
se demander par quelles compromissions elles ont été
achetées.

. « Ce sentiment de défiance est universellement ré-
pandu, et même ceux qui en sont l'objet s'en rendent
parfaitement compte.

« Un ancien officier d'artillerie me contait ainsi sa
rencontre récente avec un des camarades d'école par-
venu aux étoiles. Celui-ci, du premier mouvement, et
comme lisant dans la pensée que traduisait la main
à demi tendue, entamait la conversation par ces mots :
« Tu sais, je n'ai rien fait pour cela. » Quelle éloquence
dans ce *rien fait!* On s'excuse d'être général. Voilà
où en est le principe d'autorité.

« Que les politiciens, auteurs conscients et respon-
sables de cet avilissement, viennent ensuite invoquer ce principe, cela ne mérite qu'un haussement
d'épaules; mais nous, les militaires de cœur et de tra-
dition, pouvons-nous en faire bon marché? — Non,
certes! mais je soutiens que le seul moyen de relever
nos chefs à leurs propres yeux et à ceux de l'armée
est de les mettre en mesure de se passer des capitu-
lations dont ils sont les otages; et pour cela, rien n'est
à faire, sinon de rendre l'armée assez forte, politiquement parlant, pour qu'elle puisse, comme c'est son
droit et son devoir, se passer de la politique. Cette
force (l'expérience est faite), elle ne doit pas l'atten-
dre des pouvoirs publics; elle ne peut la trouver que

dans l'opinion soutenue par elle-même, dans la constitution d'un *parti de l'armée*, dont elle sera, elle, armée.

« Peut-elle, à l'heure actuelle, être de ce parti avec sa hiérarchie, ses chefs en tête? Hélas! non, par la faute de la sélection dont ces chefs sont le produit. Alors, quoi? — De deux maux, il faut choisir le moindre. Si l'armée ne peut se sauver en suivant ses chefs, il faut qu'elle les pousse en avant, qu'elle les oblige à marcher. C'est là une opération terriblement hasardeuse et délicate.

« Oui, cent fois oui, mais l'armée et la France sont perdues si on ne la tente pas. »

Nous nous permettrons en passant de faire observer au commandant de Hauteclocque qu'on ne pousse quelqu'un en avant que lorsqu'on sait bien où l'on veut aller. Et je crains que la *Ligue Militaire,* en faisant systématiquement abstraction de toute idée politique, ne se condamne par avance à piétiner sur place. Car, enfin, l'armée, si forte qu'elle soit, n'arrivera jamais toute seule à se débarasser de la politique tant qu'elle sera soumise à un gouvernement de parti.

Mais ce point est hors de notre discussion présente. Il s'agit seulement, pour l'instant, de démontrer la légitimité *actuelle* des associations d'officiers, et, sur ce terrain, nous sommes pleinement d'accord avec le commandant de Hauteclocque.

A son témoignage, ajoutons encore le témoignage du commandant Vallette d'Osia (1) :

(1) *Bulletin de la Ligue Militaire* du 15 mai 1911.

Pour relever, pour maintenir l'armée, il faut donc, avant tout, y refaire l'union. Ce moyen est tout trouvé; le commandant de Hauteclocque, ici même, l'a formulé à plusieurs reprises :

L'association.

Je ne reviens pas sur les arguments péremptoires par lesquels il justifie ce qui aurait paru jadis une énormité, ce qui le serait en effet dans les conditions normales, mais qui est légitime et nécessaire dans les conditions présentes. La médecine combat le poison par le poison; l'inoculation intelligente paralyse le virus. Si l'armée était ce qu'elle doit être, ce qu'elle a été, un corps intact obéissant à une tête saine, personne ne songerait à parler ainsi. Mais il faut voir les choses telles qu'elles sont. Il n'y a plus à compter sur le commandement; considéré dans l'ensemble, il a déserté ou abdiqué; il n'existe plus.

La discipline est détruite quand le commandement est esclave. On ne doit plus l'obéissance, a dit Napoléon, à un général prisonnier de l'ennemi. Qu'eût-il dit d'un transfuge? La discipline n'est qu'un moyen; le jour où elle n'est plus qu'un instrument retourné contre son but, elle devient nuisible. Une discipline faussée, un commandement asservi, sont les agents destructeurs les plus efficaces; nos ennemis le savent bien.

En attendant qu'on puisse les reconstituer dans leur intégrité, il faut bien remplacer les forces détruites par une autre force. Et il n'y en a pas en dehors de l'association. C'est d'une telle évidence, qu'en fait l'association existe déjà dans l'armée. De longtemps, les officiers d'administration ont formé un véritable Syndicat — assez heureux jusqu'ici dans la poursuite de ses revendications : celui des élèves des écoles de sous-officiers est en voie de formation s'il n'est pas déjà constitué; on parle du Syndicat pour l'augmentation des soldes; que proposons-nous donc de nouveau?

Ceci, qu'au lieu de rechercher l'intérêt individuel, nous nous préoccupons, avant tout, du grand corps auquel nous nous faisons gloire d'appartenir toujours.

Au lieu de groupements étroits, à tendances particularistes, à objectif rabaissé, préparons une organisation générale, réparatrice et féconde, se donnant pour but la sauvegarde des intérêts moraux et matériels de l'armée...

LE SYNDICALISME ET L'ESPRIT DE CORPS

La hiérarchie de l'armée républicaine a cessé d'être une hiérarchie purement militaire pour devenir une hiérarchie politicienne. Ce n'est plus guère qu'un paravent derrière lequel s'abritent les intrigues de ce vaste syndicat d'exploitation qu'est la franc-maçonnerie. La faiblesse, la perversion de la hiérarchie officielle, voilà ce qui ruinera sûrement la discipline, et la ruine est déjà commencée.

Or, c'est précisément le mal contre lequel réagit le syndicalisme.

Abandonnée aux officiers démocrates qui poursuivent surtout des revendications matérielles, le mouvement syndicaliste court le risque de dégénérer en lutte de classe : le « prolétariat conscient » des officiers subalternes se dresserait contre « l'oligarchie privilégiée » des officiers généraux et des officiers d'état-major. Alors, s'introduirait dans l'armée un nouvel élément de discorde qui serait une nouvelle cause de ruine.

Mais on peut concevoir un autre syndicalisme, bienfaisant celui-là, dans lequel sont appelés à jouer un rôle les officiers soucieux de défendre les intérêts généraux de l'armée plutôt que leurs intérêts particuliers.

Assurément, ils ne doivent pas refuser systématiquement de soutenir les revendications professionnelles de leurs camarades démocrates. Certaines de ces revendications (avancement, retraites par exemple) sont légitimes, et en les négligeant on s'aliénerait beaucoup de sympathies précieuses. Mais il ne faut pas que les associations d'officiers soient uniquement des syndicats d'intérêt économique.

Elles constituent plutôt un moyen de fortune pour restaurer l'esprit militaire dans l'armée. Le moyen est ce qu'il est; dans les circonstances actuelles, il n'y en a pas d'autre.

Pour rendre à l'armée la cohésion d'autrefois, il faut avant tout ressusciter l'esprit de corps et la camaraderie. L'armée est dissociée, « les corps d'officiers sont agités par toutes les querelles politiques, religieuses, économiques de notre époque. L'uniforme n'abrite plus des cœurs qui se comprennent; les numéros de régiments ont perdu leur signification morale, ils n'indiquent que des groupements administratifs. Les officiers ne sont plus des frères d'armes (1)... »

Pourtant l'esprit de corps est essentiel à la bonne

(1) *L'Officier contemporain*, par le capitaine d'Arbeux. Ce livre renferme une analyse très pénétrante des phénomènes de décomposition de l'armée. Il part malheureusement d'un principe faux : la toute-puissance de la démocratie est admise par l'auteur comme un dogme. De la croyance en ce faux dogme démenti par l'histoire contemporaine, et par la raison, il résulte pour le capitaine d'Arbeux une impuissance complète à indiquer un remède au mal qu'il décrit très exactement. Ne perdons pas cette occasion d'affirmer que le remède, comme le mal, est *politique.*

santé de l'armée ! Mais le Gouvernement de la République s'en méfie : dans l'armée, comme dans tous corps de la nation, il ne peut tolérer qu'une poussière d'individus. Et la hiérarchie officielle constituée par le système républicain de l'avancement est hors d'état de maintenir l'esprit de corps.

Les associations d'officiers y suppléeront. Supposez-les constituées. Devant des officiers intimement unis et formant bloc, on ne réussirait pas à réintégrer dans les cadres un Marie-Georges Picquart, mis en réforme après avoir côtoyé le déshonneur, à maintenir dans les régiments et à hisser aux sommets de la hiérarch· des hommes déshonorés par la délation; les Per... es Valabrègue, les Jacquot, seraient contraints de quitter l'uniforme qu'ils ont sali par leur déloyauté; « l'armée, école d'honneur, ne serait pas transformée en école de lâcheté (1) ».

Nous n'avons, certes, pas à aller chercher à l'étranger des arguments pour soutenir une thèse que la situation présente de l'armée française ne suffit que trop à justifier. Il nous sera permis cependant d'invoquer l'exemple de l'armée allemande pour montrer que l'existence d'un corps d'officiers unis entre eux par une solidarité professionnelle assez étroite pour résister aux volontés venues de très haut n'a rien de contradictoire avec la discipline. Nous n'admirons pas

(1) Paroles du commandant Cuignet au général Brun, ministre de la Guerre.

sans réserve l'armée allemande, dont nous connaissons les défauts qui sont grands; mais cette armée ne pèche pas par indiscipline.

Que voyons-nous pourtant dans les régiments allemands? Les officiers y sont maîtres de refuser l'accès de leurs rangs à qui ne leur parait pas digne de cet honneur. Contre leur refus, il n'y a pas d'appel. L'Empereur, lui-même, a été impuissant à faire accepter à un régiment de la garde la présence du fils du banquier juif Bleichrœder. Plus récemment, le ministre de la Guerre, interpellé au Reichstag sur l'impossibilité où se trouvaient les juifs de devenir officiers allemands, s'est borné à répondre qu'aucune disposition restrictive n'était inscrite dans la loi, mais que les officiers étaient parfaitement libres du choix de leurs compagnons d'armes, et que, s'ils ne voulaient pas de juifs parmi eux, personne ne pouvait les y contraindre.

Voilà bien l'exemple d'un corps d'officiers placé en quelque manière au-dessus de l'action de la hiérarchie. La discipline en souffre-t-elle? Pas le moins du monde. Et ce qu'y gagne le moral de l'armée, il n'est pas besoin d'insister après l'Affaire Dreyfus.

Mais cette indépendance des officiers n'est possible qu'avec un pouvoir fort, exempt de toute idée de parti, dont les décisions ne s'inspirent que de l'intérêt national. Notre République ne saurait s'accommoder d'une telle liberté. Encore une fois, nous touchons du doigt cette évidence que la question militaire est une question politique d'abord.

LES ASSOCIATIONS D'OFFICIERS ET LA HIÉRARCHIE

Loin de redouter les associations d'officiers, les grands chefs qui ont conservé le sentiment exact des conditions nécessaires de l'existence d'une armée solide devraient plutôt favoriser ces associations qui leur donneraient le point d'appui qui leur fait défaut du côté du Gouvernement. Plus d'un parmi les généraux aurait voulu opposer une résistance efficace aux lois et aux décrets funestes votés et signés ces dernières années : lois du service de deux ans et des conseils de guerre, décrets sur les honneurs et préséances et sur le service intérieur. Aucun de ceux qui en eurent la velléité n'ont osé le faire. Ils savaient qu'ils ne pouvaient pas compter sur un corps d'officiers assez uni pour marcher avec eux. S'ils sentaient derrière eux la force représentée par des associations d'officiers, soyez certains que quelques-uns auraient l'énergie de parler haut. Même ils n'auraient peut-être pas besoin de parler : on y regarderait à deux fois au Parlement et au ministère, avant de réaliser ces « réformes », dont le résultat, sinon le but, est de ruiner l'esprit militaire.

Le syndicalisme compris de la sorte rendrait l'action de la hiérarchie plus efficace, plus vigoureuse, plus militaire; ce serait la reconstitution de la hiérarchie par en bas.

Procédé révolutionnaire, procédé anormal ! Évidemment, mais la situation de l'armée est-elle normale? S'imagine-t-on que l'on arrachera les forces militaires françaises à la domination de la politique par les moyens ordinaires et légaux. Que ceux qui le croient encore voient à quel résultat ont abouti des années de parfaite correction militaire — j'entends du côté des officiers traditionalistes, car les autres ne se sont guère gênés — : que de ruines ! Là où ont échoué les Jamont et les Tournier, les Négrier et les Hagron, les généraux d'aujourd'hui réussiront-ils, en admettant qu'ils en aient envie, ce qui n'est certes pas vrai pour tous?

L'armée se décompose, empoisonnée par la politique; avant tout, il faut la sauver. Ce n'est pas notre faute si la République a introduit dans nos rangs une anarchie telle qu'il faille recourir à des moyens aussi éloignés des conceptions traditionnelles. Mais ce sera la faute des officiers, s'ils ne prennent pas tous les moyens, même ceux-là, de rétablir l'ordre. Qu'ils pèsent leurs responsabilités et, pour Dieu, qu'ils agissent. En dix années de résignation passive, ils ont laissé se consommer trop de désastres. Il n'y a plus beaucoup de temps à perdre pour relever l'édifice militaire avant qu'il ne soit définitivement ruiné.

V

De l'organisation
des Associations professionnelles d'officiers.

Comment seront constituées les associations d'officiers? Il ne nous appartient pas d'entrer dans des détails d'organisation pratique, ni d'établir des projets de statuts; cela regarde nos camarades de l'armée. Nous avons voulu seulement appeler leur attention sur la nécessité où ils vont se trouver de prendre parti sur la question du syndicalisme militaire; nous prétendons simplement, dans cette brochure, leur soumettre quelques réflexions susceptibles d'orienter leur décision dans le sens le plus profitable aux intérêts généraux de l'armée.

Les idées que nous formulons ne les surprendront pas tous. Un grand nombre d'entre eux se sont déjà préoccupés de la question, et j'en connais qui envisagent les choses au même point de vue où nous nous sommes placés. Se sont-ils contentés d'un examen théorique du syndicalisme militaire, ont-ils commencé à entrer dans la voie des réalisations? Nous nous garderons d'écrire ici ce que nous savons à ce sujet. Le syndicalisme militaire contre-révolutionnaire aura dans ses débuts à lutter contre toutes les forces gouvernementales. Il importe qu'un certain secret préside à sa naissance. Révéler dès à présent son plan, sa tactique, ses moyens d'action, serait de mauvaise guerre. Toute discussion de ce genre doit être réservée aux conversations privées. Nous nous bornerons à quelques considérations d'ordre tout à fait général.

Le mode de formation des associations d'officiers sera déterminé par ce principe essentiel qu'elles ne sont qu'un expédient, redisons : un moyen de fortune, pour rétablir, aux lieu et place de la hiérarchie politicienne de l'armée républicaine, une hiérarchie plus purement militaire. En conséquence, pas d'association par grade, pas d'association par école. Bien au contraire, les officiers, quel que soit leur grade et quelle que soit leur origine, entreront ensemble dans un même groupement.

Nous ne saurions trop insister sur ce point. Il ne s'agit pas d'organiser chez les militaires professionnels la lutte de classes, d'opposer école à école, grade à grade. C'est là besogne républicaine; nous voulons, au contraire, que les associations d'officiers soient un instrument d'union et de camaraderie.

Les groupements seront formés par unités constituées. Petits groupes, restreints dans les débuts, isolés au milieu du vaste syndicat d'exploitation des officiers francs-maçons, les groupements professionnels militaires, limités d'abord au régiment, se souderont les uns aux autres, s'étendront du régiment à la brigade et à la division. Cela n'a rien d'irréalisable, nous avons vu réussir des entreprises qui paraissaient plus difficiles. La création des associations professionnelles sera l'œuvre de quelques « bons amis ». Et cela ira plus vite peut-être qu'on ne le croit; la chose est tellement dans l'air ! Il suffira de comprendre et de vouloir.

Sans doute, il faudra lutter, mais le prix de la victoire, le salut de l'armée mérite qu'on se donne du mal !

Sans doute, les protagonistes du mouvement auront besoin de beaucoup d'énergie et de désintéressement. Quelques-uns paieront du sacrifice de leur carrière l'initiative qu'ils auront prise. Mais ne voyons-nous pas tous les jours des officiers abandonner l'armée parce que la vie militaire telle qu'elle est réglée par les grands chefs républicains leur paraît inacceptable, contraire à toutes les traditions? Beaucoup partent ainsi qui sont parmi les meilleurs, beaucoup quittent l'uniforme qui sont soldats dans l'âme. On aurait mauvaise grâce à les blâmer, du dehors. Ces officiers en démissionnant sauvegardent leur dignité. Pourtant la dignité personnelle n'est pas seule en cause. Il est louable de renoncer à une carrière que l'on aime parce qu'on a l'esprit militaire et qu'on se refuse à imiter les chefs et les camarades qui font leur fortune ou qui garantissent leur tranquillité en agissant au rebours de l'esprit militaire; il est meilleur de garder sa place, et d'employer toute son activité à lutter pour la défense de l'esprit militaire. Les officiers qui « ne sont pas contents », pour employer l'expression du général Goiran, ont mieux à faire qu'à s'en aller. Ils doivent travailler à délivrer leur pays de l'étranger de l'intérieur, qui, par la République, a conquis la France

Quelques officiers pénétrés de ce sentiment de la lutte nécessaire, quelques officiers totalement désintéressés, puisque d'avance ils ont fait le sacrifice de tout, grouperont sans peine autour d'eux des bonnes volontés nombreuses et qui ne demandent qu'à être guidées. Par eux les associations professionnelles seront fondées.

Ces officiers-là, je le sais, il en existe encore dans l'armée.

VI ·

La Solution.

LE COUP DE FORCE

Nous l'avons dit, le syndicalisme militaire c'est un moyen révolutionnaire — ou contre-révolutionnaire — de rétablir l'ordre dans l'armée en renversant la tyrannie de la politique. Le syndicalisme militaire se propose essentiellement deux buts : la résurrection de l'esprit de corps et le rétablissement de la hiérarchie sur des bases purement militaires. Les associations d'officiers suppléent à l'insuffisance de la hiérarchie actuelle, elles ne prétendent pas substituer d'une manière définitive et permanente leur influence à l'autorité de cette hiérarchie. Le jour où sera rétablie la hiérarchie, les associations d'officiers cesseront d'exister, elles n'auront plus de raisons d'être. L'anarchie les a fait naître, l' « archie » les rendra inutiles. Elles auront marqué une réaction contre la maladie politicienne, elles disparaîtront avec cette maladie; leur action aura signifié un appel au Chef, elles remettront avec confiance le sort des officiers entre les mains d'un Chef qui, indépendant lui-même de l'élection, garantira aux militaires professionnels l'indépendance et la sécurité.

Remarquez que, par la composition de leurs cadres,

officiers de *tous grades* et de *toutes origines,* — par leur mode de formation — groupements organisés par unités constituées, — ces associations se confondent en somme avec les éléments constitutifs d'une armée réorganisée. Dès lors, au rétablissement de l'ordre, leur disparition se fera sans effort et comme d'elle-même. On n'a pas à redouter que leur victoire marque le triomphe d'une coterie; ce sera bien plutôt le triomphe de l'ordre sur une coterie, sur la coterie politicienne et maçonnique, omnipotente aujourd'hui.

Au demeurant, ne nous berçons pas d'illusion. Les associations d'officiers n'arriveront pas, par leur seule action professionnelle, à arracher l'armée des mains de la politique. L'ordre ne se rétablit pas aussi facilement. L'intervention du Gouvernement est quelque jour nécessaire. Un gouvernement électif qui redoute, avec raison peut-être, une armée indépendante et forte, n'interviendra jamais dans ce sens, tandis qu'un régime qui tire son autorité d'un principe supérieur aux suffrages électoraux pourra en toute sécurité restituer aux officiers leur indépendance et, pour mieux s'appuyer sur eux, les fera plus forts. Le rétablissement de l'ordre dans l'armée est avant tout une question de régime; le syndicalisme militaire n'y suffit pas, il faudra en venir au coup de force.

Mais pour le coup de force, l'occasion est nécessaire, et aussi l'état d'esprit. Et ici, les associations d'officiers interviennent : grâce à elles, on ne laisse pas échapper l'occasion fugitive, par elles se propage et se confirme l'état d'esprit.

Pourquoi ne pas dire nettement toute notre pensée? Les associations d'officiers sont destinées à secouer la « lassitude et l'apathie » des officiers traditionalistes. Un journal républicain organe des officiers démocrates qualifie de la sorte l'attitude des officiers qui, considérant que le régime républicain « est un poison affreux qu'il faut éliminer », ne tentent pourtant rien contre ce régime. Et ce journal, *Armée et Démocratie* (1), d'ajouter : « L'extrême droite n'a qu'à se baisser pour prendre la direction du pays. Si elle a échoué dans ses tentatives, c'est par manque de discipline, d'entente et d'audace, *mais il est indéniable qu'une organisation meilleure ferait triompher le coup d'état préconisé par les porte-fanions du nationalisme intégral.* »

Cet avis de la faiblesse du régime est précieux à recueillir ! Au reste, *Armée et Démocratie* exagère la lassitude et l'apathie des officiers « réactionnaires ». Plus d'un parmi eux, ayant lu et médité la brochure de Charles Maurras et de Dutrait-Crozon (2), s'est rendu compte de la possibilité du coup de force. Il n'en est guère qui dans la situation présente de l'armée conservent le moindre doute sur la légitimité d'une opération de police un peu rude d'où sortira le salut du pays. Et le salut du pays, nous le montrons tous les jours à l'*Action française*, ne peut venir que de la restauration de la Monarchie nationale.

(1) *Armée et Démocratie* du 26 avril 1911, sous la signature du lieutenant-colonel D'Avrigny.

(2) *Si le coup de force est possible*, par Charles Maurras et Henri Dutrait-Crozon, Nouvelle Librairie nationale.

Mais ces officiers résolus à agir — plus nombreux aujourd'hui qu'hier, car les idées de l'*Action française* pénètrent le milieu militaire chaque jour davantage (1) — se sentent encore isolés; ils vivent parfois côte à côte avec des camarades qui pensent comme eux et ne le disent pas. D'autres sont hésitants; ils souffrent de la situation qui leur est faite, ils voudraient en sortir, le moyen d'en sortir ne leur apparaît pas très nettement. Ces volontés mal affermies ont besoin de se sentir soutenues, encadrées.

Les associations d'officiers les grouperont autour des hommes plus énergiques et plus clairvoyants qui savent où aller et qui sauront les y conduire. Pour la poursuite en commun des intérêts matériels légitimes, d'autres encore se joindront à eux. N'est-il pas évident que les intérêts matériels des officiers aussi bien que les intérêts moraux de l'armée ne peuvent être garantis que par la suppression de l'ingérence politique dans le domaine militaire?

Les associations d'officiers seront pour la propagande des doctrines de salut national le plus magnifique des terrains. Dans tous les régiments se formeront des centres de volontés ardentes et réfléchies, d'où rayonnera, dans toute l'armée, le plus pur esprit militaire.

(1) Le Gouvernement de la République s'est inquiété des progrès des idées de l'*Action Française* dans les corps d'officiers. Une circulaire du général Brun a appelé sur ce point l'attention des autorités militaires. Ce fut pour notre œuvre une publicité utile, et la circulaire du général Brun a donné le désir de nous connaître à beaucoup d'officiers qui sont maintenant des nôtres.

Et cependant, les associations d'officiers mèneront contre la démocratie le « combat d'usure », elles arrêteront l'élan destructeur de ce régime; en lui tenant tête, elles le fixeront et l'immobiliseront. Mais le combat d'usure, pour important qu'il soit, n'est pourtant qu'un combat de préparation : la préparation du « choc décisif » qui brise les volontés de l'adversaire et amène « l'événement ».

Dans le combat entre la démocratie et l'armée, le choc décisif s'appelle le « coup d'état », et l'événement c'est la restauration de la « Monarchie nationale ».

Pour Dieu, que l'on fasse vite. Le salut de la France est à ce prix.

APPENDICES

Le Service Intérieur.

Nous avons eu l'occasion de parler de l'*Instruction sur le Service intérieur* entré en application le 1er juillet 1910 (1); il n'est pas inutile d'y revenir.

Le *Service intérieur* est, de tous les règlements militaires, celui qui précise le mieux la conception du devoir militaire que l'on veut imposer à une armée. C'est là que sont indiqués les principes généraux de la subordination, que sont déterminés les devoirs et les droits généraux des officiers, que sont définies les règles d'obéissance, que sont fixés les principes de la hiérarchie, que sont énumérées les fautes contre la discipline.

Le *Service intérieur* qui régissait l'armée française jusqu'en 1910 avait été établi dans ses grandes lignes et ses principes essentiels, à une époque où l'on se préoccupait, avant tout, de soustraire l'armée à l'influence pernicieuse de la politique. Les prescriptions de ce règlement donnaient aux officiers le moyen de conserver leur

(1) A propos du droit de punir et du paragraphe 66, relatif aux *relations* des officiers.

indépendance. Sans doute, les chefs installés dans la hiérarchie par le Gouvernement républicain avaient souvent exigé de leurs officiers ce que le règlement ne leur donnait pas le droit d'exiger. Malgré tout, le *Service intérieur* permettait aux officiers qui le voulaient bien d'échapper à la tyrannie des politiciens.

Cela devait cesser, et cela cessa, en effet, avec la mise en vigueur du nouveau règlement.

I

Les règlements militaires étaient écrits jusqu'à présent dans un style vraiment militaire, dont les qualités dominantes étaient la précision et l'énergie. Les hommes qui les avaient rédigés savaient ce qu'ils voulaient dire, et ils le disaient bien. Pas de phrases inutiles, point de discours; des ordres et des conseils donnés militairement, exprimés dans un langage simple qui tirait toute son éloquence — souvent très grande — de l'énergie des pensées que ce langage traduisait. C'était dans toute sa force, c'était dans toute sa beauté l'*imperatoria brevitas*. Les « Principes Généraux de la Subordination », tels qu'ils étaient inscrits à la première page de l'ancien *Service intérieur*, étaient dans ce genre un modèle achevé.

Le règlement sur le Service intérieur, qui vient d'entrer en application, est d'un ton bien différent. On dirait que les rédacteurs de ce règlement ne savaient pas ce qu'ils voulaient dire, tellement leurs phrases sont entortillées et confuses. C'est du préchi-précha protestant, du boniment électoral, de la harangue maçonnique. Le projet de règlement, qui

parut quelques mois avant le règlement définitif,
était tout ce que l'on peut rêver de plus extravagant (1).

On trouve notamment dans la nouvelle *Instruction
sur le Service intérieur* des dissertations sur l'Initiative, la Responsabilité, la Discipline, les Sanctions
— récompenses et punitions — dont l'inspiration
est analogue à celle des passages supprimés. A Saint-
Cyr, de notre temps, on eût donné à ces élucubrations
le nom de « broutta », signifiant par là que les
auteurs du règlement parlent pour ne rien dire.

II

Ne nous y trompons point cependant : ils savent
très bien ce qu'ils veulent; mais ce qu'ils veulent, ils
ne peuvent pas le dire; ils sont réduits à l'insinuer.
D'où l'embarras de leur pensée qui se traduit par la
confusion de leur langage. Ils sont contraints d'affirmer que la « préparation à la guerre doit être le
but de tous les efforts, l'objet de toutes les préoccupations ». Mais, comme la préparation à la guerre ne
tient que la seconde place dans leurs préoccupations,
tout ce qu'ils disent sur ce sujet se ressent de leur
scepticisme en la matière; on y découvre aisément
l'artifice et la convention.

(1) On y trouvait des phrases comme celles-ci : « *Le colonel...
a le choix des moyens* pour *l'obtenir (la discipline), mais il doit
amener ses subordonnés à la conviction qu'elle est nécessaire* en
leur *faisant comprendre les suites graves* qu'entraîne *sa mécon-
naissance et, au contraire, l'importance des résultats auxquels son
observation peut conduire.* » (Titre Ier, art. 4.)

Dans l'ancienne armée, les chefs qui avaient la mauvaise habitude de préparer leurs troupes à l'inspection générale plutôt que de les entraîner pour la guerre, déclaraient en matière d'excuse : « On ne fait la guerre que tous les trente ans, et, chaque année, on passe l'inspection générale. » Les auteurs de l'*Instruction sur le Service intérieur* pensent peut-être qu'on ne fera jamais la guerre; ils savent, en tout cas, que, chaque année, et plusieurs fois par année, les troupes auront à jouer un rôle de police. C'est avant tout à ce rôle-là qu'il importe de les dresser.

Le *Service intérieur* ne s'adresse plus à l'armée nationale; il vise une armée de parti qui doit être entièrement dans la main des autorités civiles, qu'il faut plier par tous les moyens à la plus docile acceptation de toutes les besognes de police, un jour contre les congrégations et les églises, un autre jour contre les ouvriers et contre les paysans.

Qu'on n'ait pas le droit de donner de tels ordres à des soldats, il m'appartient moins qu'à tout autre d'insister sur ce point. Nous avons été quelques-uns à croire que notre conscience et notre honneur d'officier nous faisaient un devoir de désobéir; nous avons désobéi en pleine connaissance de cause et nous restons plus que jamais persuadés d'avoir bien agi.

Des voix autorisées nous en ont rendu le témoignage. Récemment, au mois de mai dernier, le général de Négrier écrivait encore dans l'*Éclair* (1) :

(1) Sur cette question de l'obéissance militaire, voir, entre autres livres : *Commandement et Obéissance,* par le général Doxor

Le principe de l'obéissance passive est une mystification... Les pouvoirs publics l'utilisent à sauvegarder leurs intérêts, et alors emploient l'armée à des besognes de police pour lesquelles elle n'est pas faite. A la guerre, ce principe sert aussi à couvrir les défaillances; nous lui devons la honte de la capitulation de Metz, de Baylen, la marche sur Sedan. Ce principe est-il énoncé dans nos lois et dans nos règlements?

Le colonel est solennellement reconnu devant son régiment par ces paroles « ...et vous lui obéirez en tout ce qu'il vous commandera pour le bien du service et l'exécution des règlements militaires (1) ». En dehors de cela, rien n'est prescrit, l'obéissance n'est pas exigée. Mais, dira-t-on, à quoi peut-on reconnaitre que tel ordre rentre dans les catégories prévues?

Le sentiment du devoir et de son accomplissement désintéressé est le guide.

Une armée de mercenaires peut être employée à de vilaines besognes : forcer des couvents, charger des grévistes. Une armée de service obligatoire, non.

III

L'ancien règlement établissait une différence nécessaire et très légitime entre la désobéissance à un

(Nouvelle Librairie nationale); *l. la Conscience et la Discipline militaire,* par le commandant Roy-Laderie (*Revue catholique des Institutions et du Droit,* juin 1906); *Discipline militaire et Obéissance passive,* par J. Cauvii e (Lethielleux), et *L'Obéissance militaire et les Réquisitions civiles,* par Demourt.

(1) La formule est changée : au « bien du service et à l'exécution des règlements militaires » est venue s'ajouter « l'Obéissance aux lois ». Toujours la même préoccupation policière.

ordre militaire et le refus de déférer à une réquisition de l'autorité civile. Rien de tout cela ne subsiste désormais. Il faut, avant tout, avant même la préparation à la guerre, former une armée républicaine où, pour la première fois, les officiers soient contraints par les règlements militaires eux-mêmes à se plier aux besognes de police qui, de plus en plus, en République, doivent devenir la fonction normale des militaires.

Cette préoccupation se manifeste dès les premières pages, par la définition de la discipline :

Elle a sa plus haute expression dans cette formule : exécuter ponctuellement tout ce qui est commandé pour le bien et la défense du pays, l'observation des règlements et l'*application des lois*... La discipline est d'autant plus facilement obtenue que les chefs ont pris plus d'ascendant sur les troupes (*M. de La Palisse n'aurait pas mieux dit*) en raison de l'exemple qu'ils leur donnent, de la confiance qu'ils leur inspirent par leurs caractères, leurs connaissances professionnelles *et leur loyalisme envers les institutions du pays.*

Autrefois, ai-je toujours cru, les soldats se moquaient pas mal des opinions politiques de leurs chefs, et, pour accorder leur confiance à un officier, ils ne se préoccupaient guère de savoir si celui-ci était bon républicain... Et ils avaient bien raison, car, en agissant autrement, ils auraient fait de la politique.

Si la phrase que nous venons de citer a un sens, elle reconnaît aux soldats le droit d'apprécier la qualité du « loyalisme républicain » de leurs officiers. Cela peut mener, cela mènera très loin. En voulant indiquer les « meilleurs » moyens d'obtenir la discipline, le règlement ouvre la porte toute grande à l'indiscipline.

IV

Dans un autre ordre d'idées, — au fait, est-ce bien un autre ordre d'idées ! — l'*Instruction sur le Service intérieur* se montre très préoccupée d'assurer la suprématie du pouvoir civil sur le pouvoir militaire. Les préfets, les sous-préfets, les secrétaires généraux de préfecture devront désormais être considérés par les officiers comme des supérieurs hiérarchiques.

On en trouve la preuve au chapitre du « Salut ».

Tout militaire doit, en toutes circonstances, des marques extérieures de respect à ses supérieurs... Le salut étant la plus fréquente des marques extérieures de respect, son extrême correction doit être strictement exigée.

Et plus loin :

Le préfet en uniforme a droit au salut des militaires de tout grade. Le sous-préfet et le secrétaire général en uniforme doivent le salut *aux officiers généraux et fonctionnaires assimilés; ils ont* droit au salut *de tous les autres militaires.*

Les textes sont clairs. Tous les officiers, jusques et y compris le généralissime — si nous en avons un — sont les subordonnés hiérarchiques du dernier préfet de dernière classe; un jeune attaché de Cabinet, bombardé sous-préfet par testament ministériel, devient, du même coup, le supérieur d'un colonel ayant, pour le moins, vingt-cinq ans de service, et peut-être des campagnes.

V

Nous ne nous attarderons pas plus longtemps à analyser *l'Instruction sur le Service intérieur*. Nous en avons dit assez pour montrer comment elle assujettit les officiers à la domination de la politique, et comment elle ruine leur prestige. Avec ce système, les vocations militaires se perdent, les caractères s'abaissent, les énergies s'affaiblissent, l'armée dégénère peu à peu, comme l'armée prussienne de 1806, en une « milice craintive, non par peur de l'ennemi, mais par crainte des conflits avec les autorités civiles ».

Cette armée-là est peut-être très bonne pour faire la police; et c'est ce que veut la République : mais elle ne vaut pas grand'chose pour faire la guerre, et c'est la France qui en souffrira...

L'emploi de l'armée dans les troubles.

Sous tous les régimes, l'armée est employée parfois au rôle de police. Mais les gouvernement savisés ne voient dans ce rôle qu'une mission tout à fait secondaire et purement accidentelle dont ils dispensent la force militaire dans la plus large mesure possible : l'armée est faite pour tenir tête à l'étranger de l'extérieur. Plus étroitement elle se cantonne dans son rôle de défense nationale, mieux elle gagne la confiance et l'affection du pays, mieux aussi elle conserve sa propre estime et sa discipline.

Le Gouvernement de la République agit tout différemment; il semble qu'à ses yeux la véritable raison d'être de l'armée consiste dans les besognes de police auxquelles il l'emploie à tort et à travers : à Narbonne comme à Courrières; à Méru comme à Draveil-Vigneux; dans l'Aube et dans la Marne des vignerons comme dans le Nord des mineurs. Systématiquement, on mêle les régiments à tous les désordres de la rue, en les faisant marcher tour à tour contre les catholiques et contre les socialistes. Il faut voir dans cette facilité avec laquelle la République française recourt à l'armée pour réprimer les troubles intérieurs une des causes principales du progrès de l'antimilitarisme dans notre pays.

Et cela n'est peut-être pas pour déplaire au régime démocratique. Ce régime, dont l'opinion publique se détache chaque jour davantage, et qui ne se maintient plus que grâce à l'apathie des foules domestiquées par la pratique du système électoral, éprouve le besoin toujours plus impérieux de faire appel au soldat pour résister aux minorités énergiques de droite et de gauche.

La République, qui a besoin de l'armée, s'en défie; au fond, elle n'est pas fâchée de faire retomber sur les militaires tout l'odieux des mesures de répression que nécessite, à chaque instant, son incapacité de gouverner.

Les milieux syndicalistes commencent à voir clair dans ce jeu; ils cessent de rejeter sur l'armée la responsabilité des sanglantes journées qui ne se produisent que trop souvent, et ce n'est pas la faute du Gouvernement si des catastrophes comme celles de Narbonne et de Draveil ne se produisent pas plus souvent.

Les journaux conservateurs, lorsqu'ils veulent défendre les officiers et les soldats contre les attaques des socialistes, se bornent à vanter « leur admirable résignation ». Assurément, partout, à Draveil comme à Courrières, les régiments se sont conformés avec un admirable stoïcisme à la consigne d'impassibilité qui leur était donnée. Nous nous réjouissons que, grâce au calme des militaires, le sang français n'ait pas coulé plus souvent dans les troubles de la rue. Reste à se demander si la résignation, dont on fait depuis longtemps une loi à la troupe, n'a pas finalement pour résultat de rendre plus graves les échauffourées qu'on cherche à éviter.

Si jadis la présence de l'armée prévenait le désordre, c'est qu'on n'en prodiguait pas l'emploi. On ne la faisait sortir que dans les circonstances graves, et il était connu de tous que, lorsqu'elle se montrait, elle avait la consigne d'agir. Aussi, son arrivée produisait-elle un effet moral d'intimidation qui la dispensait généralement de recourir à la force. Pendant de longues années, on ne vit point de choc se produire entre la troupe et la foule; il n'en survenait qu'avec les gendarmes, qu'on était accoutumé de voir plus souvent et qui, moins redoutés en même temps que moins aimés, étaient contraints de frapper plus fort.

Le Gouvernement républicain a changé cette méthode. En mêlant à tout propos les régiments aux désordres de la rue, il leur a donné la consigne de ne pas bouger, de rester l'arme au pied. L'intervention de l'armée a cessé d'être efficace; bien pis, la présence des troupes, loin d'être utile, devient nuisible; ils surexcitent sans intimider.

En même temps, d'ailleurs, qu'il gaspillait follement l'action de l'armée, le vieux parti républicain ne négligeait aucune occasion d'exciter contre les militaires la méfiance populaire. Et, à mesure que, par la faute — ou par la volonté — du Gouvernement, l'hostilité naissait, puis grandissait entre l'ouvrier et le soldat, le Gouvernement les opposait plus souvent l'un à l'autre.

Seuls les officiers, par leur calme et leur sang-froid, par la fermeté de leur attitude, contenaient la foule en lui inspirant du respect et calmaient les troupiers en leur donnant confiance dans l'autorité qui les commandait : ainsi furent évités bien des malheurs. Mais, là encore, le Gouvernement républicain a exercé son œuvre de désorganisation. Autrefois, les chefs militaires conservaient l'initiative sur le choix des moyens à employer pour obéir aux réquisitions de l'autorité civile. Ils sont maintenant étroitement soumis dans les détails d'exécution aux fonctionnaires civils, qui, tout en restant dans la coulisse, exercent, en fait, le commandement des troupes. L'indécision et l'incompétence de ces fonctionnaires ont pour résultat l'insuffisance des moyens préventifs, et leur affolement devant le désordre qu'ils n'ont pas su prévenir se traduit par une brutalité excessive dans les moyens de répression. Les officiers les plus élevés en grade ne sont plus que les agents d'exécution des fonctionnaires administratifs; malgré tout, ils portent seuls tout le poids des haines et des colères soulevées par la répression, parce que, seuls, ils ont matériellement exécuté cette répression dont d'autres leur avaient, par avance, prescrit tous les détails : autant de gagné pour le vieux parti républicain; mais là encore, comme toujours, c'est l'armée qui est la grande victime !

Il reste aux officiers la ressource suprême de s'exposer plus que leurs hommes : le lieutenant Lautour tué, ses camarades blessés à Courrières, les officiers blessés à Draveil, ont témoigné éloquemment qu'ils n'y manquent point. Se faire tuer est bien; mais cela ne suffit pas. Les officiers, certes, ont envers les manifestants, leurs compatriotes, des obligations d'humanité, mais ils ont aussi un devoir de commandement à l'égard de leurs soldats. Puisqu'ils les commandent, ils doivent les protéger, les mettre à même de se défendre. Lorsqu'ils méconnaissent ce devoir, leurs hommes, n'ayant plus confiance en eux, cessent d'être une troupe, deviennent une foule armée qui tire pour sa défense et frappe plus brutalement parce qu'elle frappe aveuglément, poussée par le seul instinct de la conservation : on l'a vu à Narbonne (1).

Et voici que, de nouveau, apparaît la responsabilité du Gouvernement républicain. En affaiblissant le lien de mutuelle confiance qui unissait entre eux officiers et soldats, en rendant les officiers plus timides dans l'exercice du commandement, en faisant les soldats moins respectueux de l'autorité de leurs chefs, ce gouvernement a finalement abouti à cette conséquence qu'il était facile de prévoir : une répression plus violente parce que moins sûrement dirigée.

L'ouvrier et le soldat — j'entends par ce dernier mot les officiers aussi bien que les hommes de troupe — peuvent se donner la main : tous deux ils sont les victimes de la République.

(1) A Narbonne, des hommes du 139e étaient de garde à l'Hôtel-de-Ville. Ils entendent du bruit dans les rues voisines, sortent du poste et se forment en ordre devant la porte. Une foule bruyante vient vers eux; des coups de revolver partent des rangs des manifestants sans que, d'ailleurs, aucun soldat soit atteint. Le poste charge ses armes et tire dans le tas. *Pas un ordre n'a été donné par un officier.* Ce n'est plus une troupe tenue en main par ses chefs; c'est une bande d'hommes armés qui se servent de leurs fusils parce qu'ils se croient menacés.

A qui la faute, sinon aux grands chefs militaires qui, pour flatter les politiciens, introduisent dans l'armée cette fameuse « discipline consentie », laquelle consiste, en somme, à commander le moins possible pour ne pas provoquer d'acte d'indiscipline. Avec ce système, tout lien est vite rompu entre officiers et soldats.

La discipline consentie.

Le vieux parti républicain ne s'est pas contenté de soumettre, par ses règlements, les officiers à la tyrannie de la politique; il ne s'est point borné à entretenir soigneusement la méfiance entre l'ouvrier et le soldat par l'intervention abusive de l'armée dans les troubles. Ce qu'il voulait, c'est une « armée sans esprit militaire ». Dans ce dessein, il fallait transformer l'état d'esprit des officiers eux-mêmes, faire entrer dans leurs cerveaux une conception nouvelle de leurs droits et de leurs devoirs. Deux principes ont été mis en œuvre : la théorie de l'obéissance passive à tous les ordres même les plus étrangers « au bien du service » (nous en avons déjà parlé) et la théorie de la discipline consentie. On a vu, en 1907, lors des troubles du Midi, que cette forme de la discipline, si elle assure un bon ordre apparent, en évitant les histoires, laisse les représentants de l'autorité militaire sans force et sans action lorsque survient une difficulté sérieuse.

La leçon a été cruelle; elle n'a pas été entendue de tous. Par arrivisme ou par sottise, beaucoup d'officiers de la nouvelle école en tiennent toujours pour la discipline consentie, la seule, paraît-il, « qui convienne à l'armée d'une démocratie ». Un exemple montrera mieux que tous les raisonnements à quoi en arrivent ces officiers démocrates. Nous empruntons cet exemple au livre d'un des chefs et des professeurs de la nouvelle école, qui est en même temps l'un des profiteurs les mieux partagés du régime. Il a fait partie du cabinet du général André; depuis, sans presque quitter Paris, il a obtenu un avancement extraordinairement rapide, et, si le régime durait, il serait un des grands chefs de demain.

Voyez donc quelle est sa valeur militaire; lui-même nous a permis de l'apprécier en exposant, dans un petit livre évidemment destiné à la propagande de ses idées, les procédés de commandement qu'il affectionne (1).

Le ministre lui avait confié le commandement d'un régiment de réserve convoqué pour une période d'instruction au camp de Sissonne et formé — un bataillon — dans la banlieue de Paris, et — deux bataillons — dans une ville du Nord. Au jour de la convocation, le nouveau chef de corps quittait les bureaux du ministère et se rendait dans la petite ville de banlieue où se formait le bataillon qu'il devait emmener au camp de Sissonne. Ce fut une « visite familiale, un contact d'une familiarité voulue ». A peine arrivé, le lieutenant-colonel est abordé par un réserviste qui lui demande la permission de sortir en ville pour voir son enfant malade. Accordé.

Deuxième demande, deuxième permission. Mais le groupe des solliciteurs grossissait et s'enhardissait à

______

(1) *Nos Réservistes*, par le lieutenant-colonel (depuis colonel) COSTE. Paris, BERGER-LEVRAULT.

vue d'œil. En même temps, on avertissait sagement le chef de corps que, lors de la dernière convocation, un grand nombre d'hommes, pour avoir obtenu la même faveur, n'étaient pas rentrés à temps pour le départ. Dès lors, plus de permissions, mais un petit discours, le premier, — ce ne sera pas le dernier : « La loi militaire qui vous enlève à vos travaux, à vos familles, est *dure* (!), mais c'est la loi » (!!!) La moindre permission eût peut-être causé plus de plaisir; pourtant, notre chef de corps improvisé est content de lui, et écrit naïvement : « Personne ne demande plus à sortir (*pas possible*)? Chacun avait compris. Entre ces hommes et moi, le contact moral était pris. Il avait suffi d'un acte de bonté, de quelques mots de raison. »

Ici, nous touchons du doigt l'absurdité de cette méthode de paternité préventive qui, finalement, se traduit par une injustice. La première préoccupation de ce chef est de se montrer aimable pour ses soldats. On lui fait comprendre que les faveurs qu'il accorde ne sont peut-être pas sans inconvénients. Et il est obligé de revenir en arrière, de refuser à quelques-uns ce qu'il vient de consentir à d'autres. Affirmer d'abord son autorité, manifester ensuite sa bienveillance, eût été plus sage et plus équitable.

Les hommes sont habillés, ils ont pris leur repas, l'heure du départ est venue. Le chef de corps n'est pas sans inquiétude. Il est entendu que la discipline doit être volontaire et consciente : comment faire si, en traversant la foule qui attend à la porte de la caserne, les réservistes allaient se débander? Il faudrait faire acte d'autorité, et cela est tellement passé de mode ! Ingénument, le lieutenant-colonel nous confesse ses angoisses d'abord et sa joie ensuite de voir qu'aucun incident ne se produit. Écoutez-le :

Comment le détachement allait-il se frayer un passage, parcourir, au milieu de cette foule grouillante, les dix-huit cents mètres qui le séparaient de la gare? Comment tenir groupés jusqu'à destination des hommes qui n'avaient plus l'habitude de marcher en troupe et ne possédaient ni la force ni le désir d'opposer à l'invasion de leurs parents et amis la barrière de leurs rangs?

Il ne fallait pas songer à encadrer le bataillon d'une garde spéciale (!?) Ce mince cordon eût été infailliblement percé, séparé du reste de la colonne. C'eût été organiser moi-même l'inévitable désordre. Il valait mieux passer en bloc, sans tarder, *comme on pourrait.*

Je fais recommander aux hommes, dans les compagnies, d'observer le plus grand ordre, de ne point se laisser traverser ni arrêter, et je donne l'ordre du départ.

La grille du quartier s'ouvre : je sors en tête du bataillon. Dans la nuit qui agitait devant moi ses spectres indécis et bruyants, ce fut comme un vaste remous... Suivi par la section de tête, je traverse la place. Au moment de m'engager dans l'avenue qui la prolonge et conduit vers la gare, je me retourne. De mon bataillon, je n'aperçois plus que les premières files s'avançant, avec ordre, dans une mer humaine qui gesticule et crie joyeusement.

Et c'est toute la vie, en ses manifestations les plus cordiales, les plus intimes, les plus touchantes, qui s'offre à moi dans cet immense et mouvant tableau !... Ici, c'est une jeune femme qui s'est jetée bravement dans la cohue et tend son bébé à un *guerrier* du premier rang. Là, c'est un gamin de dix ans qui, au risque de se faire emporter, écraser, vient prendre au passage la main de son papa. Ailleurs, c'est un bon vieux, qui marche avec son gars, bras dessus, bras dessous, ou un ancien du régiment qui vient faire un bout de conduite à un camarade d'atelier... Tous, parents et amis, se font une fête d'accompagner ceux des leurs qui s'en vont, au loin, remplir leur devoir militaire. Ce n'est pas un sentiment de rancune ou de haine qu'inspire à tous ces braves gens la vue de notre uniforme, que d'aucuns disent abhorré du peuple, mais au contraire comme une sorte d'orgueil joyeux.

Je prie qu'on lise et qu'on médite cette citation. Tel est à présent l'état d'esprit d'un lieutenant-colonel de l'armée française. Faire parcourir en ordre, à un bataillon assez bien encadré, la distance de dix-huit cents mètres, lui semble un véritable tour de force. Par avance, il redoute les plus graves désordres, et lorsqu'il s'aperçoit que son bataillon veut bien le suivre, son enthousiasme devient si grand qu'il éprouve le besoin de le manifester par des phrases lyriques, et d'un lyrisme assez « coco », soit dit en passant.

Quel aveu de faiblesse ! Et nous avons affaire, rappelons-le, à un grand chef de demain !

Après une nuit en chemin de fer, le bataillon débarque à sept kilomètres du camp de Sissonne. Le chef de corps — décidément plus novice qu'un sous-lieutenant frais émoulu de l'école — nous révèle encore, de quel ton attendri ! que les corvées s'organisent en ordre pour aller chercher de l'eau au village voisin !

Et, pendant tout le temps de la période, c'est le

même enthousiasme. On ne sait pas ce que le colonel admire le plus, du bon esprit des soldats qui obéissent, ou des talents du chef de corps qui sait si bien « établir le contact moral entre ses hommes et lui ». Et il palabre, et il palabre toujours dans un style maçonnico-humanitaire qui fait frémir.

En voulez-vous un échantillon? C'est à la présentation du drapeau. « Le régiment est devenu un organe vivant de la défense nationale..., l'âme même de la France, laborieuse et *toujours pacifique, certes,* mais fermement résolue à faire respecter, les armes à la main, *s'il le fallait* (triste nécessité, n'est-ce pas?), l'intégrité de ses droits et de son honneur... Il symbolise une ère nouvelle, *une ère de raison, de paix et de travail...* C'est tout l'effort de nos ancêtres pour l'affranchissement de l'homme et le bien de l'humanité qui se trouvent résumés dans la devise républicaine. »

Les hommes sont empoignés par le discours; nous devons le croire, c'est le colonel lui-même qui nous le dit. Il profite même de l'occasion pour se demander si l'armée de la démocratie a vraiment les cadres qui lui conviennent : que peut-elle réclamer pourtant de mieux que Picquart, Percin, Valabrègue, Sarrail, Sauret, Targe et ce lieutenant-colonel lui-même?

Pendant dix-sept jours, le régiment est magnifique, — c'est encore le colonel qui le dit. — Il est vrai que, comme il fait un peu chaud, on allège les sacs pour la manœuvre du matin, l'exercice de détail de l'après-midi est réduit à une heure, les conférences et la théorie sont supprimées.

« Le régiment n'a pu être instruit, entraîné méthodiquement ni seulement remis en main », — c'est toujours le colonel qui parle, et pour le coup nous n'avons pas de peine à le croire, — mais néanmoins il étonne ses chefs et leur arrache des paroles d'admiration.

Quelle pitié, et quels réveils douloureux nous prépare cette méthode de commandement ! Commander, c'est imposer sa volonté. Sans doute, la persuasion, l'autorité morale, restent les meilleurs procédés de commandement. Et ce ne sont pas des procédés nouveaux. Ils ont été appliqués de tout temps, bien avant la République, dans l'armée française. « Mes capitaines, mes compagnons, disait le grand Montluc, sachez gagner le soldat avec un mot, vous ferez plus qu'avec des bastonnades. »

Mais enfin, la persuasion n'est pas le seul moyen de commandement. *Le but n'est pas d'éviter des actes de désobéissance, mais d'obtenir une obéissance entière et absolue des soldats.* On l'oublie trop dans l'armée républicaine ; à l'école, on enseigne l'antimilitarisme, mais aussi, à la caserne, on fait de *l'a-militarisme*, et cela est plus grave encore.

TABLE DES MATIÈRES

Appendices.

Imp. de Montligeon (Orne). — 2314-7-11.